DE MBTI

Hoe kennis van uw persoonlijkheidstype
u kan helpen

DE MBTI

Hoe kennis van uw persoonlijkheidstype u kan helpen

geschreven door Benjamin Fléron
vertaald door Nikki Claes

DE MBTI

- **Wat is het probleem?** Hoe bereik je professionele voldoening door je dominante persoonlijkheidskenmerken te identificeren met behulp van de MBTI?

- **Waarom is het nuttig?** De MBTI kan je helpen jouw carrière in de juiste richting te sturen, je te omringen met de juiste mensen en jouw communicatie en zakelijke relaties te verbeteren.

- **Professionele context?** Professionele relaties, human resources, loopbaanbeheer, persoonlijke ontwikkeling, bedrijfscultuur, groepswerk.

- **FAQ?**

  - Ik voel me beroepsmatig niet voldaan, kan de MBTI me helpen?

  - Mijn managementstijl werkt niet bij al mijn werknemers. Hoe kan ik de MBTI gebruiken om mijn leiderschap aan te passen?

  - Ik herken me niet in het psychologische profiel dat de MBTI me toekent, moet ik me zorgen maken?

  - Ik ben een recruiter en ik kan niet kiezen tussen twee kandidaten. Kan ik vertrouwen op de MBTI om mijn probleem op te lossen?

  - Is het resultaat definitief of kan het mettertijd veranderen?

In een steeds competitievere professionele wereld, waar
er meer sollicitanten zijn dan te vervullen functies en
waar de druk om te presteren nog nooit zo groot is
geweest, zijn fouten niet langer toegestaan. Zowel voor
werkgevers op zoek naar de zeldzame parel als voor
werknemers op zoek naar de ideale baan kan een fout
bij de keuze van aanwerving of loopbaanoriëntatie
rampzalig zijn. Wat als de MBTI dat risico zou kunnen
verkleinen?

Met bijna twee miljoen gebruikers per jaar is de MBTI de
populairste psychologische test ter wereld. De MBTI is
een eenvoudige vragenlijst met 88 vragen, ontworpen
om de voorkeurswijzen van iemands functioneren vast
te stellen. Zodra het formulier is ingevuld, krijgen de
deelnemers een van de 16 psychologische profielen toegewezen, die elk overeenkomen met een andere manier
om de wereld waar te nemen en alledaagse gebeurtenissen te benaderen.

Veel mensen doen deze test gewoon uit nieuwsgierig-
heid, hetzij om de juistheid van hun oordeel te testen,
hetzij om zichzelf beter te leren kennen. De MBTI blijft
echter niet beperkt tot de privé-sfeer, maar wordt ook
regelmatig gebruikt op de werkplek: een recruiter die
niet kan kiezen tussen twee kandidaten, een baas die
zich afvraagt hoe hij zijn leiderschapsvaardigheden
kan verbeteren, een werknemer op een kruispunt die

aarzelt om zelfstandige te worden of een toekomstige student die zich zorgen maakt over het volgen van de verkeerde opleiding. Al deze verschillende individuen zijn niettemin in één opzicht vergelijkbaar: zij zijn allemaal potentiële gebruikers van de MBTI. Maar wat heeft het model te bieden dat zo bijzonder is? Ontdek dankzij dit boekje alle geheimen van deze wereldberoemde test.

ABC VAN HET GEBRUIK VAN DE MBTI

EEN BEETJE GESCHIEDENIS

Van Jung's bijdrage...

Het begon allemaal in het begin van de jaren twintig, toen de Zwitserse psychiater Carl Gustav Jung (1875-1961) zijn theorie van psychologische typen conceptualiseerde in zijn baanbrekende werk *Psychologische Typen* (1921). Hij stelde dat het gedrag van ieder mens afhangt van zijn of haar interpretatie van de gebeurtenissen in zijn of haar leven en de situaties die zich aan hem of haar voordoen. Dit leesrooster is georganiseerd rond drie assen, verdeeld in twee tegengestelde polen:

- de oorsprong van onze energiebron en onze dynamiek tussen extraversie (**E**) en introversie (**I**)

- onze manier van informatie verzamelen tussen intuïtie (**N**) en gevoel (**S**)

- de manier waarop wij beslissingen nemen is verdeeld tussen denken (**T**) en voelen (**F**).

... tot de creatie van de MBTI

Vervolgens ontwikkelden de Amerikanen Katherine Cook Briggs (1875-1968) en Isabel Briggs Myers (1897-1980), respectievelijk moeder en dochter, in 1943 de eerste versie van de *Myers-Briggs Type Indicator*, beter bekend als de MBTI, op basis van het door Jung opgestelde concept. Zij namen Jungs voorkeuren over en identificeerden een vierde as, oordeel (**J**) versus waarneming (**P**), die onze manier van handelen bepaalt. Onze persoonlijkheid en onze manier van functioneren zouden dus afhangen van onze voorkeur (het is een natuurlijke neiging en geen bewuste keuze) voor een van de twee mogelijke antwoorden op deze fundamentele vragen.

DE ONTDEKKING VAN DE 16 PROFIELEN

De kennis van je vier voorkeuren geeft je je psychologische type. In combinatie stelt de MBTI 16 verschillende profielen vast.

Zodra jouw persoonlijkheidstype is toegewezen, krijg je kwaliteiten en gebreken, sterke en zwakke punten (respectievelijk "comfortzones" en "inspanningszones" genoemd), voorkeursstijlen van functioneren en primaire of secundaire karaktertrekken die verband houden met jouw profiel. Ten slotte worden jou bepaalde sectoren van activiteit aanbevolen die overeenstemmen met jouw capaciteiten en natuurlijke neigingen.

Om je een indruk te geven van de verschillende kenmerken die aan elk van de 16 types worden toegekend, worden hier korte beschrijvingen gegeven. Deze zijn verre van volledig en zijn alleen ter informatie in dit boek opgenomen. De analyse van de profielen is in feite veel complexer. Bovendien is het lezen van deze beschrijvingen alleen niet voldoende om jouw type te identificeren; alleen de test kan dat doen.

- **INTJ's** nemen hun verantwoordelijkheden en plichten zeer ernstig. Zij luisteren naar anderen, verdragen opbouwende kritiek goed en kunnen omgaan met conflictsituaties. Zij zijn echter geneigd te geloven dat zij altijd gelijk hebben, hebben moeite met het tonen van empathie of genegenheid en kunnen daardoor star overkomen.

- Niet erg sentimenteel, de **ISTP** is goed in het analyseren van situaties, is geïnteresseerd in hoe dingen werken, leert graag nieuwe technische of technologische hulpmiddelen te gebruiken en is meer resultaat- dan theoriegericht. Hij verveelt zich snel en heeft actie nodig.

- De **ISFJ** is warm en vriendelijk. Hij is dienstbaar en behaagt graag anderen, ook al heeft hij misschien niet genoeg aandacht voor zijn eigen behoeften. Hij heeft ook uitstekende organisatorische vaardigheden. Anderzijds kan hij niet goed tegen kritiek, schuwt hij conflicten en heeft hij moeite met "nee" zeggen.

- **ISFP's** zijn gevoelig voor hun omgeving en tonen over het algemeen een groot inlevingsvermogen, dat zij uitdrukken in concrete acties. Hun persoonlijke waarden zijn belangrijk voor hen: zij respecteren hun verbintenissen en streven naar duurzame relaties met anderen. Hoewel ze optimistisch en ontspannen overkomen, ontbreekt het hen soms aan zelfvertrouwen en voelen ze zich ongemakkelijk bij het spreken in het openbaar. Ze leven liever in het heden dan in de toekomst.

- De **INTJ** wordt beschreven als een analytische denker die in staat is de strategieën die hij of zij zorgvuldig heeft ontwikkeld in praktijk te brengen. Pragmatisch en zelfverzekerd is hij over het algemeen een goede leider, maar soms iets te individualistisch. Hij stoort zich niet aan conflicten of kritiek; hij zal reageren met logische argumenten. Zo ziet hij zijn relaties rationeel voordat hij de emotionele kant in ogenschouw neemt. Trouw aan zijn vrienden, kan hij moeite hebben zijn emoties te uiten.

- **INTP's** zijn nieuwsgierig, leren graag en produceren in het algemeen originele ideeën, maar ze zullen zich ongemakkelijk voelen bij de uitvoering ervan. Zij geven de voorkeur aan een logische analyse van situaties en waarderen expertise boven direct leren op het werk. Ze zijn zelfredzaam en werken liever alleen dan in groepen waar ze zich niet op hun gemak voelen. In dit opzicht kunnen ze koud overkomen en soms zelfs anderen kwetsen met hun kritiek.

- **INFJ's** zijn kalm, diplomatiek, zorgzaam en bezorgd over de gevoelens van hun omgeving. Zij streven er voortdurend naar hun relaties op het juiste spoor te houden en zullen bij spanningen terughoudend zijn en niet aarzelen om conflicten te vermijden. Zeer veeleisend ten opzichte van anderen en zichzelf, hebben ze moeite kritiek te accepteren.

- De **INFP** waardeert anderen en kan een grote steun zijn voor de mensen om hem heen. Hij begrijpt en respecteert de vrijheid en individualiteit van anderen. Hij is flexibel en past zich gemakkelijk aan een nieuwe omgeving aan. Door zijn verlegen en gereserveerde aard kan hij echter moeilijk te benaderen zijn, en met reden: hij houdt er niet van dat mensen zijn privé-ruimte binnendringen.

- De **ESTJ** is optimistisch, vriendelijk en betrouwbaar. Hij lost conflicten liever op dan ervoor weg te lopen. Hij heeft de behoefte om leiding te geven en neemt zijn verplichtingen zeer serieus. Hij houdt van teamwerk, maar kan ongeduldig zijn en mensen kwetsen die hij inefficiënt en onzorgvuldig vindt.

- **ESTP's** nemen graag (berekende) risico's. Zij leven in het heden en in actie en blijven openstaan voor mogelijkheden. Gezellig en overtuigend, ze weten zichzelf en hun ideeën te verkopen, maar missen een langetermijnvisie en stabiliteit in hun verbintenissen.

- De **ESFJ** richt zich vooral op zijn buitenwereld. Hij is warm, vriendelijk, over het algemeen populair en geïnteresseerd in het welzijn van mensen en hoe zij hem zien. Hoewel hij gul kan zijn, verwacht hij een zekere mate van erkenning terug en heeft hij een grote behoefte aan genegenheid. Hij is bang voor verandering en voelt zich veiliger in een vertrouwde omgeving.

- Spontaan maar soms impulsief, **ESFP's** leven in het heden en experimenteren graag met nieuwe dingen. Zij hebben een warm karakter en zijn op hun gemak in intermenselijke relaties. Ze zijn ook erg oplettend. Het ontbreekt hen echter vaak aan striktheid, vooral bij dagelijkse taken die hen niet interesseren.

- De **ENTJ** heeft een natuurlijke neiging om te leiden. Omdat ze belangrijke beslissingen willen nemen, werpen ze zich vaak op als leiders. Ze zijn gemotiveerd, dynamisch, zelfverzekerd en wilskrachtig. Ze kunnen onverdraagzaam zijn tegenover anderen en niet altijd inspelen op hun behoeften.

- De **ENTP** staat open voor de wereld en heeft een constant verlangen om alles te begrijpen, te leren en te innoveren. Ze zijn goed in het analyseren van mensen en daardoor in het ontwikkelen van relaties. Ze doen de dingen graag op hun eigen manier, maar kunnen soms koud, bot en onbeleefd zijn.

- **ENFJ's** hebben geweldige interpersoonlijke vaardigheden: ze begrijpen mensen en helpen hen het beste uit zichzelf te halen. Hun loyale en vriendelijke kant kan ertoe leiden dat ze verstikkend en overbezorgd zijn. Ze zijn erg gevoelig voor conflicten en proberen die zoveel mogelijk te vermijden.

- De **ENFP** is optimistisch, spontaan en creatief. Zij zijn gericht op verandering en raken snel verveeld door routine. Ze zijn ook in staat om te anticiperen en te reageren op de behoeften van de mensen om hen heen, die een belangrijke rol spelen in hun welzijn.

Als je meer wil weten over de verschillende profielen, kan je beknopte boekjes met de kenmerken van elk van de 16 types kopen bij OPP, de Europese uitgever van de MBTI, op https://www.opp.com/fr-BE/tools/MBTI/MBTI-materials. Als je er niet voor wil betalen, moet je weten dat sommige sites deze dienst gratis aanbieden, maar dat dit een andere prijs heeft: aangezien zij niet door de officiële instantie zijn geaccrediteerd, bieden zij geen garantie voor de betrouwbaarheid van hun informatie. Dus wees voorzichtig.

PRAKTISCHE TOEPASSINGEN OP DE WERKPLEK

Of je nu nog studeert of al werkt, headhunter bent of sollicitant, manager in een groot bedrijf of baas van een kleine KMO, er zijn veel redenen om geïnteresseerd te zijn in de MBTI.

- **Loopbaan- of studieoriëntatie.** Veel jongeren die aan hun studie in het hoger onderwijs beginnen, stellen zich vragen, aarzelen en slaan uiteindelijk de verkeerde richting in. Hoewel het uiteraard geen "all-risk verzekering" is, kan de MBTI deze studenten helpen door beroepssectoren voor te stellen waarin zij, gezien hun persoonlijkheid, waarschijnlijk zullen floreren. Het is geen toeval dat begeleiders dit instrument steeds vaker gebruiken om tieners te ondersteunen. Ook werknemers die zich niet op hun plaats voelen in hun huidige baan en de onaangename indruk hebben dat zij het verkeerde carrièrepad zijn ingeslagen, kunnen via dit instrument mogelijkheden voor omscholing vinden. Zo zou een jongere die het ENFJ-type krijgt, er goed aan doen om bij zijn studiekeuze onderwijs of politicologie te overwegen. Gepassioneerd, charismatisch en altruïstisch, zijn ENFJ's perfecte rolmodellen. Zij wekken respect en bewondering en zijn uitstekende communicatoren. Dat zijn kwaliteiten die zowel in de beste leraren als in grote politici voorkomen. Barack Obama (44e Amerikaanse president, geboren in 1961), Ronald Reagan (40e Amerikaanse president, 1911-2004) en François Mitterrand (21e Franse president, 1916-1996) zijn bijvoorbeeld alle drie ENFJ's.

- **De juiste kandidaat selecteren.** In een tijd waarin elke vacature een stroom van sollicitaties teweegbrengt, is het niet altijd gemakkelijk om de juiste persoon te kiezen. Qua technische vaardigheden zijn sollicitanten soms meer dan geschikt voor de baan, maar hoe zit het met hun persoonlijkheid? Past ze bij het imago van het bedrijf? Komt ze overeen met de beschikbare functie? Het is moeilijk om hierover zekerheid te krijgen na een eenvoudig interview. Door kandidaten te vragen de MBTI-test te doen, geven recruiters zichzelf een extra kans om de juiste werknemer aan zich te binden.

- **Je communicatie en management aan je werknemers aanpassen.** Twee verschillende personen zullen niet op dezelfde manier reageren op een identieke opmerking. Terwijl sommige mensen het op prijs stellen dat er met hen wordt gesold en daarna hun beste beentje voorzetten, sluiten anderen zich af als oesters en blijken ze na een stevige berisping totaal onproductief en ineffectief. Door je medewerkers te vragen het MBTI-spel te spelen, kan je gemakkelijker de functioneringswijzen van elke persoon identificeren en leer je je managementmethode aan te passen aan je gesprekspartner om zijn of haar volledige potentieel bloot te leggen.

* **Teamcohesie ontwikkelen.** Is het je ooit opgevallen dat sommige mensen niet goed kunnen samenwerken, terwijl anderen elkaar perfect aanvullen? Personen met tegengestelde temperamenten kunnen het moeilijk vinden om kwaliteitswerk te leveren wanneer zij dagelijks met elkaar in contact zijn, terwijl anderen complementaire persoonlijkheden hebben waardoor zij hun respectieve kwaliteiten optimaal kunnen benutten. Door de verschillende MBTI-profielen van je medewerkers te leren kennen, maak je een einde aan onsuccesvolle samenwerkingsverbanden en geef je jezelf de middelen om effectieve en productieve teams op te bouwen. Zo zal een hyperemotioneel persoon niet langer te maken krijgen met de openheid van ongevoelige collega's, of iemand die beter is in het ontwikkelen van actieplannen maar moeite heeft met de uitvoering ervan zal kunnen terugvallen op een meer praktische collega.

DE GRENZEN VAN HET SYSTEEM

Het gebruik van de MBTI voor professionele doeleinden kan daarom in veel opzichten een goed idee zijn. Het is echter belangrijk zich bewust te zijn van de beperkingen van deze methode, die niet onfeilbaar is en zijn gebreken heeft. Veel leden van de wetenschappelijke gemeenschap wijzen snel op deze tekortkomingen.

Zo stelt de Neoma Business School (Frankrijk) in haar studie "Let's test the tests" de invloed van de persoonlijkheid op het gedrag op het werk ter discussie, dat uiteindelijk meer van de context zou afhangen. De Amerikaanse wetenschapsjournalist Joseph Stromberg is niet positiever in zijn artikel "Why the Myers-Briggs Test is Totally Meaningless", waarin hij wijst op het gebrek aan serieus onderzoek naar het onderwerp, de ongedifferentieerde aard van de antwoordkeuzes en de veelzijdigheid van de resultaten die van week tot week kunnen verschillen.

- **De omstandigheden waaronder iemand de MBTI afneemt, kunnen zijn antwoorden beïnvloeden.** Een werkzoekende die de test op uitdrukkelijk verzoek van een recruiter aflegt, is uiteraard niet in de best mogelijke conditie om de vragen te beantwoorden. De stress die inherent is aan een dergelijke situatie, de angst om "het verkeerde" te antwoorden, het verlangen om de recruiters te behagen, enz. zijn allemaal elementen die de eindresultaten kunnen beïnvloeden en leiden tot een verkeerde analyse en dus een verkeerd profiel.

- **De mogelijkheid dat bepaalde vragen niet worden beantwoord, kan de resultaten vervalsen.** Hoewel aanbevolen wordt alle 88 vragen in de test zoveel mogelijk te beantwoorden, is het toegestaan sommige vragen blanco te laten wanneer geen van de aangeboden opties geschikt lijkt. Te veel omissies leiden echter tot een onbesliste analyse op basis van te weinig bewijsmateriaal.

- **De mens is per definitie meervoudig en complex.** De verschillende door de MBTI voorgestelde persoonlijkheidstypen zijn even zovele sleutels die ons kunnen helpen onszelf beter te leren kennen en onze belangrijkste manier van functioneren te ontdekken. Men mag echter niet vergeten dat de mens van nature veelzijdig en veranderlijk is en dat de manier waarop hij de dingen interpreteert en ermee omgaat niet noodzakelijkerwijs van de ene dag op de andere dezelfde blijft. Verschillende externe factoren kunnen ons handelen en onze perceptie van gebeurtenissen van tijd tot tijd beïnvloeden: een uitstekende avond de avond ervoor, stress, ziekte, verlies van een geliefde, ontslag, enz.

- **De wetenschappelijke geldigheid van de MBTI moet nog worden aangetoond.** Hoewel de MBTI wordt voorgesteld als een psychologische test, waren noch Katherine Cook Briggs noch Isabel Briggs Myers geschoold in de psychologie. Bovendien werd het Jungiaanse concept van psychologische typen ontwikkeld in een tijd dat de discipline nog niet werd beschouwd als een empirische wetenschap, die objectieve en verifieerbare experimenten vereiste. Jungs theorieën waren dus meer gebaseerd op een reeks persoonlijke overwegingen dan op concrete wetenschappelijke gegevens.

- **De MBTI kan onbetaalbaar zijn.** Het internet staat vol met sites die gratis versies van de MBTI aanbieden, maar de enige betrouwbare versie staat op de OPP-website en die is niet vrij verkrijgbaar. Of je nu een training wil volgen om een gecertificeerd expert te worden, een MBTI-toepassingsseminarie wil bijwonen of gewoon vragenlijsten, antwoordroosters, individuele portretten of aanvullende middelen wil aanschaffen, je zal je portemonnee moeten trekken.

- **Bedenk dat er geen goede of slechte persoonlijkheidstypes zijn.** Of je nu INTP, ENFJ of ISTJ bent, je begint niet met meer of minder kansen in het leven dan iemand met een andere diagnose. Sla jezelf niet onnodig in elkaar. Elk type heeft zijn sterke en zwakke punten, zijn te benutten troeven en zijn gebieden die voor verbetering vatbaar zijn. Wanneer ze bijvoorbeeld worden geconfronteerd met een lange, routinematige taak, kunnen personen die zijn ingedeeld bij de ENFP volgens de MBTI moeite hebben om hun concentratie heel lang vast te houden. Aan de andere kant zijn ze meestal uitstekende communicatoren en hebben ze een verhoogde intuïtie.

- **Wees je bewust van de beperkingen van het model.** Als jouw resultaten wijzen op INTJ, betekent dat niet dat jouw persoonlijkheid noodzakelijkerwijs perfect past bij dit profiel. We zijn met meer dan zeven miljard, allemaal met een verschillende achtergrond en eigen ervaringen. Het is dan ook ondenkbaar dat ieder van ons volledig past in één van de 16 modellen die Myers en Briggs hebben opgesteld. Wees dus niet verbaasd als je jezelf niet herkent in een van de punten in je profiel. Vraag jezelf gewoon af of het mogelijk is dat je de verkeerde weg inslaat, vraag zo nodig de mensen om je heen om hun mening en als je nog steeds niet overtuigd bent, vertrouw dan op jezelf: jij bent nog steeds de persoon die het beste weet wie je werkelijk bent. De MBTI is slechts een hulpmiddel voor zelfinzicht, maar bevat niet de absolute waarheid.

- **Wees zo eerlijk mogelijk in je antwoorden.** Opdat de ervaring winstgevend en overtuigend zou zijn, is het absoluut noodzakelijk dat je antwoordt zonder vals te spelen, volgens wie je denkt dat je werkelijk bent en niet wie je zou willen zijn of wie je denkt dat overeenstemt met de verwachtingen van potentiële aanwervers. Er zijn geen profielen die beter zijn dan andere, wees gewoon jezelf en neem je verantwoordelijkheid.

- **Aarzel niet om te antwoorden.** Naarmate de test vordert, zal je waarschijnlijk twijfelen tussen twee antwoorden die je aanvaardbaar lijken. Aarzel niet te lang en kies gewoon degene die in je opkomt, die je het meest natuurlijk lijkt. En als je echt niet kunt beslissen, antwoord dan niet! Probeer echter niet te veel vragen over te slaan, anders wordt het aantal elementen te klein om een betrouwbaar en geldig profiel van jouw persoon op te stellen.

- **Ban fancy en onofficiële versies uit.** Veel websites bieden gratis MBTI-tests aan, maar dat zijn meestal onbetrouwbare versies. In Frankrijk en België is OPP de officiële uitgever van de MBTI, dus laat je niet misleiden door neptesten of niet-gecertificeerde MBTI-trainers. Om er zeker van te zijn dat jouw resultaten geldig en betrouwbaar zijn, kies je voor de officiële versie die door gecertificeerde deskundigen wordt beheerd.

- **Presenteer de MBTI niet als een test, maar als een vragenlijst of indicator.** Als je van plan bent de MBTI te testen op je werknemers of sollicitanten, zorg er dan voor dat ze niet het gevoel hebben dat ze een examen afleggen waarvoor ze een cijfer krijgen, want dat zou de resultaten vertekenen. Stress, angst om een fout te maken of paranoia over denkbeeldige bedoelingen achter elke vraag kunnen de betrouwbaarheid van de profielen in gevaar brengen. Het is dus van essentieel belang een gunstig klimaat te scheppen om de kandidaten in de best mogelijke omstandigheden te brengen.

- **Onthoud dat persoonlijkheden genuanceerder zijn dan ze lijken.** Het feit dat je werknemer als ISFP is bestempeld, betekent niet dat hij of zij noodzakelijkerwijs alle eigenschappen heeft die inherent zijn aan dat persoonlijkheidstype of dat hij of zij niet ook eigenschappen vertoont die eerder worden toegeschreven aan INFP's of ESFP's. De grens tussen twee persoonlijkheidstypes is soms erg dun en de uitkomst kan afhangen van een aarzelend antwoord op een vage vraag. Vermijd daarom overhaaste oordelen op basis van deze vier letters, die weinig ruimte laten voor nuance, en hecht minstens evenveel belang aan de percentages die naast de andere types staan.

FAQ

IK VOEL ME BEROEPSMATIG NIET VOLDAAN, KAN DE MBTI ME HELPEN?

De MBTI kan je op verschillende manieren helpen. Afhankelijk van het psychologische type dat jou aan het einde van de test wordt toegewezen, krijg je een reeks beroepssectoren aangeboden waarin een persoonlijkheid als de jouwe waarschijnlijk goed gedijt. Bijvoorbeeld, INFP's, die bekend staan als kunstenaars in hart en nieren, zullen vaak gericht zijn op beroepen die de nadruk leggen op creativiteit: schrijvers, journalisten, muzikanten, grafische kunstenaars, ontwerpers, enz.

Als het probleem meer relationeel is, als je je werk leuk vindt, maar geen raakvlakken met sommige van je collega's kunt vinden, zal de MBTI je helpen de interne mechanismen die jouw relatie met hen blokkeren beter te identificeren. Zodra deze problemen zijn geïdentificeerd, zal de oplossing ervan logischerwijs worden vergemakkelijkt. Als je bijvoorbeeld een persoonlijkheidstype hebt dat bekend staat om zijn verhoogde gevoeligheid, is het niet verwonderlijk dat je het moeilijk vindt om met je meer directe en afstandelijke collega's om te gaan. Als je je hiervan bewust bent, kan je de zaken met hen rechtzetten.

MIJN MANAGEMENTSTIJL WERKT NIET BIJ AL MIJN WERKNEMERS. HOE KAN IK DE MBTI GEBRUIKEN OM MIJN LEIDERSCHAP AAN TE PASSEN?

Verschillende werknemers hebben verschillende persoonlijkheden en dus verschillende werkwijzen. Het is dan ook niet verwonderlijk dat je niet de gewenste resultaten zal bereiken als je je managementstijl niet aanpast aan de persoon met wie je te maken hebt. Door je bewust te worden van de gedragspatronen van al je medewerkers, ontdek je ook hoe je jouw communicatie op elk van hen kan afstemmen om je boodschappen vlot over te brengen.

Zo spreekt men een ENTP niet op dezelfde manier aan als een ISFJ. De eerste is een vraagbaak die gedijt bij een gepassioneerd debat en het niet op prijs stelt om om de oren geslagen te worden als je iets te zeggen hebt. Wees eerlijk tegen hem, want hij verwacht niet gespaard te worden en hij is niet iemand die de gemakkelijke weg neemt als hij spreekt. Een ISFJ vindt het meestal moeilijk om zichzelf naar waarde te schatten en het is niet ongewoon dat een assertievere persoonlijkheid met de eer gaat strijken die hem toekomt. Als hij echter nooit trots is op de kwaliteit van zijn werk, betekent dit niet dat hij niet erkend wil worden voor zijn werk. Om ervoor te zorgen dat hij het beste van zichzelf geeft, is het dus van essentieel belang hem duidelijk te maken dat zijn inspanningen niet onopgemerkt blijven, maar bijzonder worden gewaardeerd. Door te leren omgaan met de persoonlijkheden van je werknemers win je aan leiderschap en zij aan productiviteit.

IK HERKEN ME NIET IN HET PSYCHOLOGISCHE PROFIEL DAT DE MBTI ME TOEKENT, MOET IK ME ZORGEN MAKEN?

Geen paniek, er kunnen verschillende verklaringen voor zijn:

- Je hebt de test niet onder optimale omstandigheden ingevuld en je was gestrest door een professionele kwestie zoals een vacature of verstoord door een of andere gebeurtenis (overlijden, ziekte, enz.).

- Als je niet altijd weet welke optie je moet kiezen, heb je niet genoeg vragen beantwoord om voldoende relevante gegevens te verstrekken, wat de resultaten onbetrouwbaar maakt.

- Zoals alle mensen heb je een complexe, dubbelzinnige en soms wisselende persoonlijkheid. Je interpreteert hetzelfde soort gebeurtenissen en situaties dus niet dag na dag op een robotachtige manier. Net zoals externe, eenmalige elementen je antwoorden in de test kunnen beïnvloeden, kunnen ze ook je gedrag op een bepaald moment beïnvloeden door je anders te laten handelen. Vergeet nooit dat het ondenkbaar is dat zeven miljard mensen zo perfect te categoriseren zijn.

- Hoewel de MBTI wereldwijd wordt gebruikt en internationaal wordt erkend, heeft hij geen wetenschappelijke waarde. De verschillende voorgestelde psychologische typen zijn meer gebaseerd op de persoonlijke beschouwingen en waarnemingen van Jung, Briggs en Myers dan op empirische en objectieve wetenschappelijke experimenten. Er zijn dus geen relevante wetenschappelijke gegevens op grond waarvan wij na de test kunnen zeggen dat je tot dit of dat profiel behoort.

IK BEN EEN RECRUITER EN IK KAN NIET BESLISSEN TUSSEN TWEE KANDIDATEN. KAN IK VERTROUWEN OP DE MBTI OM MIJN PROBLEEM OP TE LOSSEN?

De MBTI kan in dergelijke omstandigheden inderdaad nuttig zijn. Welke functie je ook zoekt, je bent uiteraard op zoek naar de ideale kandidaat, degene die niet alleen de vereiste technische vaardigheden heeft, maar ook de persoonlijkheid die bij je team en bedrijfscultuur past. Als de job een sterk karakter en een hoge mate van stressbestendigheid vereist, kies je dus voor een kandidaat met deze capaciteiten. Maar hoe kan je in een paar minuten iemands persoonlijkheid ontdekken, *vooral* als je geen kennis hebt van psychologie? Dat is waar de MBTI van pas komt om jou "kant-en-klare" informatie te geven over het temperament van de verschillende sollicitanten. Het enige wat je dan hoeft te doen is diegenen bij te houden wier psychologische profiel overeenkomt met je verwachtingen en de anderen te schrappen.

IS HET RESULTAAT DEFINITIEF OF KAN HET METTERTIJD VERANDEREN?

Je profiel is duidelijk niet in steen gebeiteld. Net als je persoonlijkheid kan het veranderen naargelang de ervaringen die je opdoet, de situaties die je tegenkomt en de mensen die je in de loop van je leven ontmoet. Doe de test dus regelmatig om er zeker van te zijn dat jouw psychologische profiel niet veranderd is sinds de laatste keer. Zo kan je zien waar de verandering precies heeft plaatsgevonden. Misschien ben je bijvoorbeeld extraverter (E) geworden, of gebruik je eerder je gevoel (F) bij het nemen van beslissingen.

IK HOU VAN MIJN WERK, MAAR VOLGENS MIJN PSYCHOLOGISCHE PROFIEL PAST HET NIET BIJ MIJ. MOET IK VERANDEREN?

Maak je geen zorgen. Maak jezelf niet ziek voor niets door te denken dat je misschien je professionele leven mist. Beschouw de MBTI als een instrument dat je kan gebruiken als je je niet op je plaats voelt in je werk, maar neem er afstand van en geef het niet meer belang dan het verdient. Vergeet niet dat jij nog steeds degene bent die het beste weet wat bij je past en wat je goed vindt, dus vertrouw op je eigen oordeel. Bovendien blijft je MBTI-profiel niet aan je kleven, in die zin dat het in de loop van de tijd kan veranderen. Deze test is niet 100% betrouwbaar, het is onmogelijk om met zekerheid te zeggen of je geschikt bent voor een bepaald beroep of niet.

HET IS AAN JOU!

Nu de MBTI geen geheimen meer voor je heeft, heb je de instrumenten om er optimaal gebruik van te maken. Begin met jezelf af te vragen of deze test je op enige wijze kan helpen door na te denken over de verschillende professionele toepassingen ervan. Als het antwoord ja is, aarzel dan niet en waag de sprong! Houd echter altijd rekening met de verschillende tips die in dit boek worden gegeven, zodat je de potentiële voordelen ervan niet mist.

- Dus, als je overweegt de MBTI te doen voor je eigen behoeften, bijvoorbeeld voor professionele omscholing, bedenk dan dat de verkregen resultaten en de voorgestelde sectoren van activiteit slechts indicaties blijven, adviezen waarnaar je vrij kan luisteren of niet.

- Als je overweegt dit instrument te gebruiken bij je werknemers of bij kandidaten voor een vacante functie in je bedrijf, zorg er dan voor dat je je laat omringen door deskundigen die gecertificeerd zijn door het OPP, de officiële houder van de rechten op de MBTI, om de betrouwbaarheid van de resultaten te garanderen.

Als je de gegevens eenmaal hebt, is het aan jou om ze optimaal te gebruiken volgens je persoonlijke doelstellingen!

- Je leidt een klein bedrijf en je ziet de MBTI als een manier om je leiderschaps- en communicatievaardigheden te verbeteren om de productiviteit van je werknemers te verhogen. Gebruik de resultaten om je toespraak aan te passen en een als INTJ- of een als ESTP-ingedeelde werknemer op de juiste manier aan te spreken.

- Als toekomstige student met een INTJ-diagnose, ben je onzeker over het te volgen carrièrepad, twijfelend tussen wetenschappelijke en literaire studies. Maak gebruik van de lijst met beroepen die geschikt zijn voor mensen met een soortgelijke persoonlijkheid als de jouwe om je te helpen kiezen. Je zal merken dat beroepen als ingenieur en arts in het bijzonder worden aanbevolen voor jouw profiel.

OM VERDER TE GAAN

BIBLIOGRAFISCHE BRONNEN

"16 persoonlijkheidstypes", in *16personnalities.com*, geraadpleegd op 25 oktober 2015.

http://www.16personalities.com/fr/types-de-personnalite

Assante (Stéphanie), *Les 16 grands types de personnalité*, Toulouse, Dangles, 2012.

Bounoua (Mélissa), "Le test de personnalité Myers-Briggs, utilisé dans le monde, ne rime à rien", in *Slate.fr*, juli 2014, geraadpleegd op 22 september 2015.

http://www.slate.fr/story/89949/ce-test-de-personnalite-utilise-dans-le-monde-entier-qui-ne-rime-rien

Buzaud (Élodie), "Heb je de persoonlijkheid om carrière te maken?", in *CadreEmploi.fr*, mei 2015, geraadpleegd op 26 september 2015.

http://www.cadremploi.fr/editorial/actualites/actu-emploi/detail/article/avez-vous-la-personnalite-pour-faire-carriere.html

"Ontdek de MBTI – Myers-Briggs Typological Indicator – en zijn 16 persoonlijkheidstypes", in *16-types.nl*, geraadpleegd op 20 september 2015.

http://www.16-types.fr/index.html

"Meer informatie over de MBTI", in *Metamorphoses.be*, geraadpleegd op 22 september 2015. http://www.metamorphoses.be/ressources-management-coaching-mbti-ur-67.html

Fauconnier (Flaure), "Se préparer aux tests de personnalité", in *JournalduNet.com*, juli 2006, geraadpleegd op 22 september 2015.

http://www.journaldunet.com/management/0607/0607143-tests-personnalite.shtml

Fontaine (Isabelle), "Intuïtie, de intuïtieve persoonlijkheid en de MBTI volgens Jung", in *Histoire d'Intuition.com*, januari 2014, geraadpleegd op 22 september 2015. http://histoiredintuition.com/2014/01/10/intuition-la-personnalite-intuitive-et-le-test-du-mbti-selon-carl-gustav-jung/

Jung (Carl), *Psychologische typen*, Genève, Georg, 1997.

"De MBTI: een zeer uitgebreide test uit de Verenigde Staten", in *CadresOnline.com*, geraadpleegd op 22 september 2015.

http://www.cadresonline.com/conseils/coaching/cv-lettres-entretiens/tests-de-recrutement/detail/article/le-mbti-un-test-tres-complet-venu-des-etats-unis.html

Quenk (Naomi L.), *Essentials of Myers-Briggs Type Indicator Assessment*, editie 2e , Hoboken (VS), Wiley, 2009.

RoDier (Anne), "Les tests de personnalité comme outils de recrutement sont remis en question", in *LeTemps.ch*, mei 2014, geraadpleegd op 24 oktober 2015. http://www.letemps.ch/economie/2014/05/01/tests-personnalite-outils-recrutement-remis-question

Russel (Géraldine), "Le juteux business de l'indicateur de personnalité MBTI", in *LeFigaro. fr*, augustus 2014, geraadpleegd op 22 september 2015.

http://www.lefigaro.fr/formation/2014/08/06/09006-20140806ARTFIG00028-le-juteux-business-de-l-indicateur-de-personnalite-mbti.php

Stromberg (Joseph), 'Why the Myers-Briggs Test is Totally Meaningless', in *Vox.com*, oktober 2015, geraadpleegd op 22 september 2015.

http://www.vox.com/2014/7/15/5881947/myers-briggs-personality-test-meaningless

"Testons les Tests!", Rouen, de leerstoel Nieuwe Loopbanen van Neoma Business School, geraadpleegd op 24 oktober 2015.

http://www.chaire.neoma-bs.fr/nouvelles-carrieres/docs/HRI3.pdf

AANVULLENDE BRONNEN

Cauvin (Pierre) en Cailloux (Geneviève), *Les types de personnalité. Les types de personnalité. Les comprendre et les appliquer avec le MBTI*, Parijs, ESF éditeur, 2008.

Portaal van *OPP*, Europees distributeur van de Myers-Briggs Type Indicator (MBTI).

https://www.opp.com/

We horen graag van u! Laat
een reactie achter op jouw online bibliotheek
en deel je favoriete boeken op social media!

Master ISBN: 9782808604611
Papier ISBN: 9782808605823
Wettelijk depot: D/2023/12603/9

Digitaal ontwerp: Primento,
de digitale partner van uitgevers.